curiosidad por

LA MONTA DE TOROS

POR RACHEL GRACK

AMICUS LEARNING

¿Qué te causa

CAPÍTULO UNO

¡Paseo salvaje!

PÁGINA

4

CAPÍTULO DOS

El evento

PÁGINA

10

curiosidad?

3
CAPÍTULO TRES
Lograr la victoria
PÁGINA
16

¡Mantén tu curiosidad! 22
Glosario 24
Índice 24

Curious About es una publicación de
Amicus Learning, un sello de Amicus
P.O. Box 227, Mankato, MN 56002
www.amicuspublishing.us

Editores: Ana Brauer y Megan Siewert
Diseñadora de la serie: Kathleen Petelinsek
Diseñadora del libro e investigadora fotográfica: Emily Dietz

Library of Congress Cataloging-in-Publication Data
Names: Koestler-Grack, Rachel A., 1973- author.
Title: Curiosidad por la monta de toros / Rachel Grack.
Other titles: Curious about bull riding. Spanish
Description: Mankato, MN : Amicus Learning, 2025. | Series: Curiosidad por el rodeo | Includes index. | Audience: Ages 6–9 | Audience: Grades 2–3 | Summary: "Learn how cowboys and cowgirls compete in bull riding rodeo events in this Spanish question-and-answer book for elementary-aged readers. Translated into North American Spanish. Includes infographics, table of contents, glossary, and index"—Provided by publisher.
Identifiers: LCCN 2024022440 (print) | LCCN 2024022441 (ebook) | ISBN 9798892002929 (library binding) | ISBN 9798892003001 (paperback) | ISBN 9798892003087 (ebook)
Subjects: LCSH: Bull riding—Juvenile literature.
Classification: LCC GV1834.45.B84 K6418 2025 (print) | LCC GV1834.45.B84 (ebook) | DDC 791.8/4—dc23/eng/20240523
LC record available at https://lccn.loc.gov/2024022440
LC ebook record available at https://lccn.loc.gov/2024022441

Créditos fotográficos: Alamy Stock Photo/H. Mark Weidman Photography, 9; Getty Images/Christian Petersen, 19, Christopher Morris - Corbis, 2, 15, Cindy Ord, 3, 21, Cyrus McCrimmon, 14, David E. Klutho, 16-17, Elsa, 11 (segunda por arriba), 11 (abajo), Helen H. Richardson, 11 (arriba), 11 (centro), 11 (segundo desde abajo), Mark Brown, 10, SOPA Images, 8, THEPALMER, 13; Pexels/@coldbeer, 2, 6, 7; Shutterstock/gaga. vastard, 22, 23, Jackson Stock Photography, portada, 1, 4-5, Steve Lovegrove, 12; The Noun Project/Daniil Churakov, 22, 23

Impreso en China

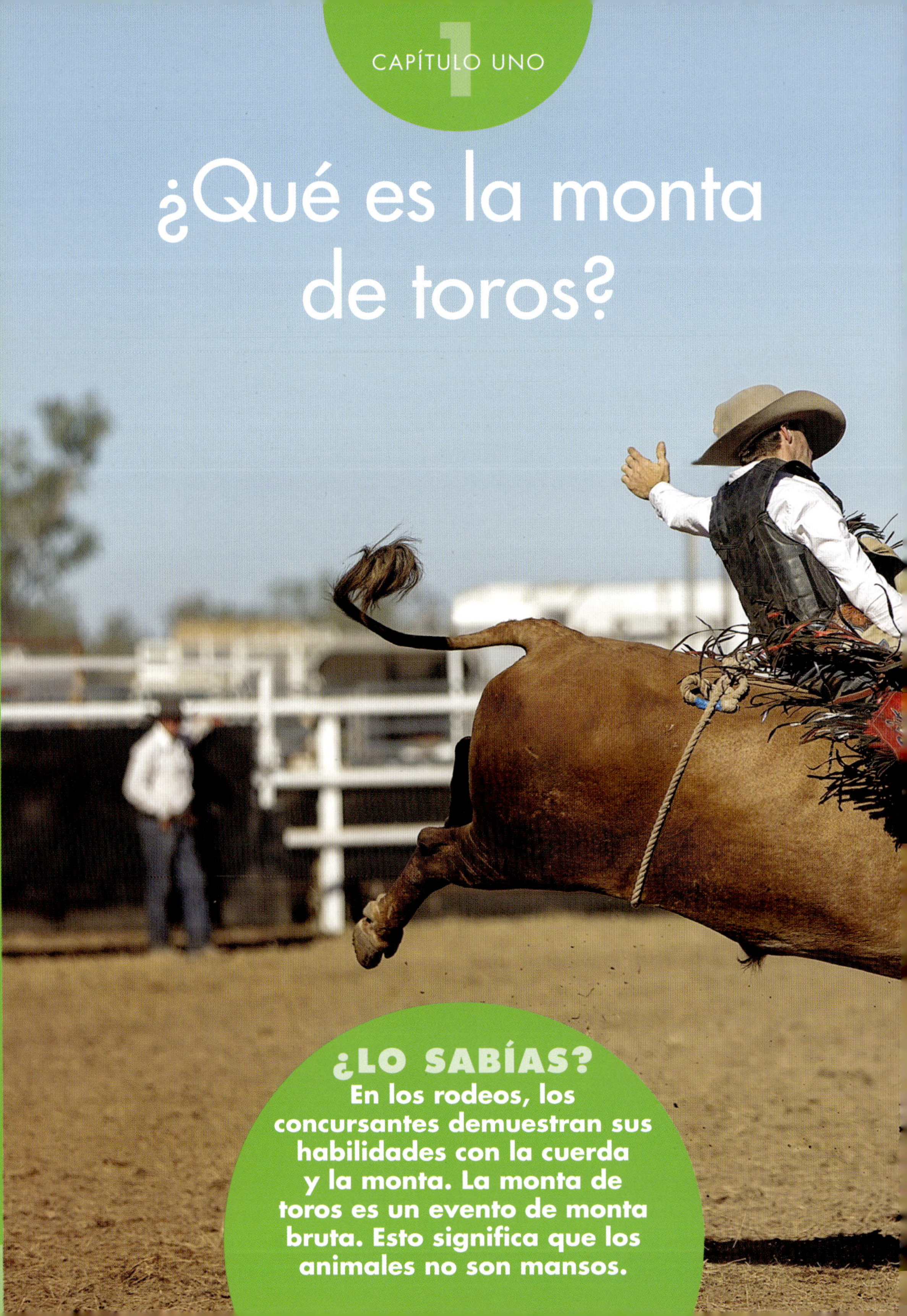

CAPÍTULO UNO

¿Qué es la monta de toros?

¿LO SABÍAS?
En los rodeos, los concursantes demuestran sus habilidades con la cuerda y la monta. La monta de toros es un evento de monta bruta. Esto significa que los animales no son mansos.

Es un deporte de rodeo muy intenso. Un toro de 907 kilos espera en el **corral**. Resopla y parece malhumorado. El concursante se sube. Se ata una cuerda alrededor de una mano y asiente. El toro irrumpe en la arena con potentes patadas, giros y saltos. ¿Podrá aguantar el vaquero ocho segundos?

La mayoría de los jinetes de toros compiten en la Professional Bull Riders (PBR), la mayor liga de monta de toros del mundo.

Los jinetes de toros se arriesgan de ser tirados o pisados por el toro.

¿Es peligroso montar a un toro?

Extremadamente. Los jinetes de toros reciben una paliza. Sólo sujetarse es doloroso. Los jinetes sufren hombros **dislocados**. Pero que te corcoveen es peor. Los huesos quebrados, los **músculos** desgarrados y las **conmociones cerebrales** son frecuentes. Además, los jinetes en el suelo se convierten en un blanco. Los toros atacan a cualquiera que vean. Puede volverse mortal rápidamente. ¡Cuidado!

Un payaso de rodeo actúa como barrera entre el jinete y el toro.

¿LO SABÍAS?

Los payasos de rodeo tienen un trabajo serio. Mantienen a salvo a los jinetes caídos distrayendo al toro.

¿Se necesita entrenamiento especial?

¿LO SABÍAS?
La monta de corderos es para niños de cuatro a siete años. Se suben a una oveja salvaje y lanuda y aguantan todo lo que pueden.

La verdad es que no. Los jinetes se mantienen en forma y fuertes. También tienen que ser delgados y rápidos. Pero montar a toros requiere mucha práctica. La mayoría de los jinetes profesionales empiezan de jóvenes. Algunos empiezan a montar a los cuatro años. A los siete, pueden empezar a montar toros.

Los jinetes de toros entrenan varias horas al día para mantenerse en forma.

CAPÍTULO DOS

¿Llevan los jinetes un equipo especial?

Los chalecos protectores se convirtieron en un requisito de seguridad para todos los jinetes de toros en 1996.

¡Seguro! Todos llevan chaparreras de cuero. Les protegen las piernas. Algunos eventos exigen casco antes de cierta edad. Los chalecos de seguridad siempre son obligatorios. Disminuyen el golpe si los jinetes son pisados o enganchados por un cuerno. Los jinetes también llevan protectores bucales y un guante.

1

CHAPARRERAS
EVITA CORTES Y ROZADURAS

2

CASCO
EVITA LESIONES EN LA CABEZA

3

CHALECO
PROTEGE LAS COSTILLAS Y LA ESPALDA

4

GUANTE
PROTEGE LA MANO DE LAS QUEMADURAS DE LA CUERDA

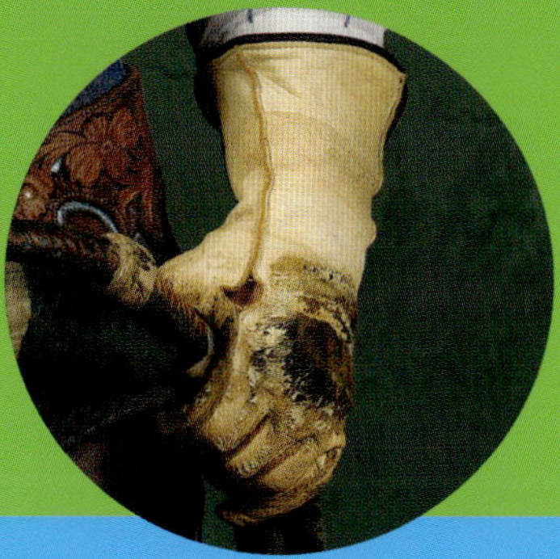

5

EL PROTECTOR BUCAL
PROTEGE LOS DIENTES Y LA MANDÍBULA

Un guante permite al jinete agarrar mejor la cuerda del toro.

¿Cómo aguantan los jinetes?

¿POR QUÉ LA CAMPANA?

Suena el timbre de 8 segundos, y el jinete de toro se desata la mano. El peso de la campana hace que la cuerda del toro caiga al suelo.

Los jinetes se agarran la cuerda del toro. Esta es una cuerda plana y trenzada que se ata alrededor del pecho del toro. El jinete envuelve un extremo de la cuerda alrededor de su mano. Algunos jinetes la pasan entre los dedos. Quieren un agarre firme. Muchos jinetes utilizan **colofonia** para un mejor agarre.

¿Qué hace que el toro corcovee?

Los jinetes utilizan maniquíes pesados para entrenar a los toros a corcovear.

Lo llevan en la sangre. Los toros de rodeo son **criados** para corcovear. Empiezan a entrenarse al año de edad. Los entrenadores utilizan maniquíes para enseñarles el deporte. Los toros aprenden su trabajo: corcovear como locos durante ocho segundos. Los toros también llevan una correa de flanco. Este cinturón de cuero forrado de vellón hace que corcoveen aún más fuerte.

¿LO SABÍAS?

Los jinetes aprietan al toro con sus **espuelas**. Esto puede poner gruñones a los toros. Pero no dañará su piel gruesa. Los jinetes llevan espuelas sin filo.

EL EVENTO

CAPÍTULO TRES 3

¿Hay algunas reglas?

Si el toro no rinde bien, los jueces pueden conceder al jinete una nueva monta.

¡Seguro! Los jinetes deben durar los ocho segundos. Luego, suena un timbre. Los jinetes que son derribados antes reciben una "no puntuación". Pero el toro siempre recibe una puntuación. El jinete debe usar una sola mano. No puede tocarse a sí mismo ni al toro con la mano libre.

¿Cuál es una buena puntuación?

Cualquier cosa cercana a 100. Dos jueces puntúan al toro y al jinete entre cero y 25 puntos. Los jueces puntúan a los jinetes por su estilo de montar y su control corporal. Los jueces puntúan el estilo y la fuerza del toro. Los jinetes que **espolean** el toro para corcovear más fuerte ganan más puntos. Gana la puntuación más alta.

PUNCTUACIÓN DEL PASEO		TORO: 0-25
	JUEZ 1	24
	JUEZ 2	23
	PUNTUACIÓN	46

+

¿LO SABÍAS?

Wade Leslie es el único jinete de toros de la historia que ha conseguido un 100 perfecto. Lo hizo en 1991 con un toro llamado Wolfman.

Si el jinete no es arrojado del toro, se desmonta saltando hacia abajo.

JINETE: 0-25		PUNTOS POSIBLES: 100
22		46/50
23		46/50
46	=	92/100

¿Por qué los vaqueros montan toros?

¡Es la experiencia! Les encanta la acción y la emoción. Quieren tener la oportunidad de vencer a la bestia. Algunos jinetes profesionales ganan mucho dinero. Pero hay que tener **valor**. El toro está esperando. ¿Qué vaquero se atreve a montarlo?

En lugar de trofeos, los rodeos conceden hebillas de cinturón a los mejores jinetes.

HAZ MÁS PREGUNTAS

¿Quién es el mejor jinete de toros?

¿Hay montas de toros para jóvenes cerca de mí?

Prueba con una GRAN PREGUNTA: ¿Podría montar un toro?

BUSCA LAS RESPUESTAS

Busca en el catálogo de la biblioteca o en el internet.
Pueden ayudarte tus padres, un bibliotecario o un maestro.

Uso de las palabras clave
Encuentra la lupa.

Las palabras clave son las palabras más importantes en tu pregunta.

Si quieres saber sobre:

- los mejores jinetes de toros, escribe: JINETES DE TOROS FAMOSOS
- monta de toros juvenil, escribe: MONTA DE TOROS JUVENIL EN [TU ESTADO]

GLOSARIO

colofonia Sustancia pegajosa utilizada para mejorar el agarre.

conmoción cerebral Una lesión grave en la cabeza.

corral El área que mantiene a los animales en posición para que los jinetes puedan montar con seguridad.

criado Cuando los animales se aparean para obtener un tipo determinado de características.

dislocado Estar sacado de su lugar.

espolear Cuando los vaqueros presionan sus espuelas contra la piel de un toro.

espuela La rueda con púas en el tacón de las botas de un jinete.

músculos Tejido de los animales y los humanos que mueve partes del cuerpo.

valor La capacidad de seguir haciendo algo duro.

ÍNDICE

corrales, 5
entrenamiento, 9, 14–15
equipo, 10–11, 12–13
jueces, 17, 18
peligros, 6
Professional Bull Riders (PBR), 5
punctuación, 17, 18–19
reglas, 17
seguridad, 7, 10

Sobre la autora

Rachel Grack lleva veinticinco años escribiendo obras de no ficción para niños. Vive en un rancho en el corazón del país del rodeo (sur de Arizona). Algunas tardes, se acerca a ver a sus vecinos en competiciones amistosas de roping. Un restaurante del oeste de la ciudad ofrece semanalmente monta de toros y carreras de carneros. Pero Rachel prefiere pasear tranquilamente a lomos de su dócil caballo Lady.